I0554648

never again

A Poetic Journey Through Love and Healing.

Tender Tulip.

Paperback ISBN: 978-1-961902-05-3

Printed in the United States of America

Cover design by Temika Mccanns

Editor and Illustrator: Elsie Bloomfield

Contents

Prelude

Never never did I think

Love could be so fleeting

Never never did I know

Heartbreak could be so defeating

But in these verses, I found

A glimmer of hope

Will you join me in this journey

And find a way to cope?

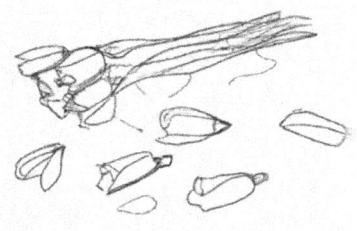

Tender Tulip

5

the

loving

never never did I think

I could love so deeply

never never did I dream

I could feel so completely

never never did I know

I could hurt this much

never never did I imagine

such a love could turn to dust

never never did I believe

in forever after

never never did I think

our love would be a disaster

never never did I see

the end coming so soon

never never did I think

I'd be singing this tune

never never did I know

I could be so strong

never never did I think

I'd have to move on

never never did I think

I'd find love again

never never did I think

I'd love and lose and love again

never never did I think

I'd find my way back to you

never never did I know

our love would be brand new

never never did I think

I'd find my happily ever after

never never did I know

our love would last forever after

never never did I think

I'd find my forever home

never never did I know

you'd be my heart and my own

never never did I believe

in miracles and fate

never never did I think

our love could be so great

never never did I think

I'd be this happy and content

never never did I know

our love would be so meant

never never did I think

I'd be so in love with you

never never did I know

our love would be so true

never never did I think

I'd find my soulmate

never never did I know

our love would be so great

never never did I think

I'd be so blessed

never never did I know

our love would be the best

never never did I think

I'd find my forever

never never did I know

our love would last forever

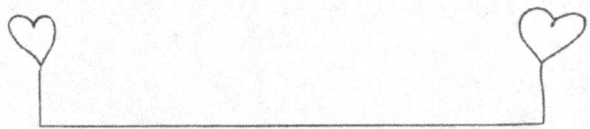

never never did I think

I'd find my everything

never never did I know

our love would be the beginning

never never did I think

I'd find my reason to live

never never did I know

our love would be the reason I give

the

breaking

never never did I think

I'd have to say goodbye

never never did I know

the tears would never dry

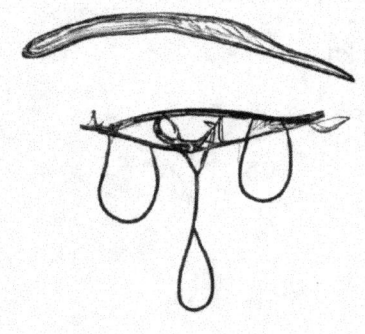

never never did I think

the memories would fade

never never did I know

the love we made

never never did I think

the love we shared

would be nothing more

than a distant memory we bared

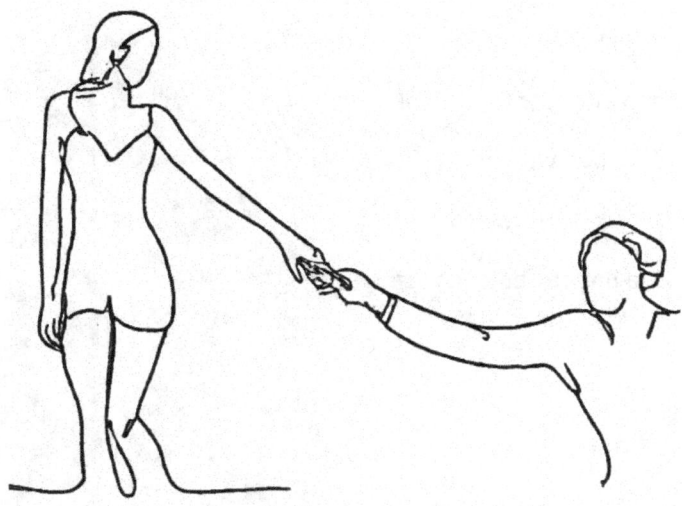

never never did I think

the love we had

would turn to ash

leaving us feeling so sad

never never did I think

the love we once knew

would be nothing more

than a distant memory that grew

never never did I think

the love we shared

would be nothing more

than a love that was never fair

never never did I think

the love we had

would turn to stone

leaving us feeling so alone

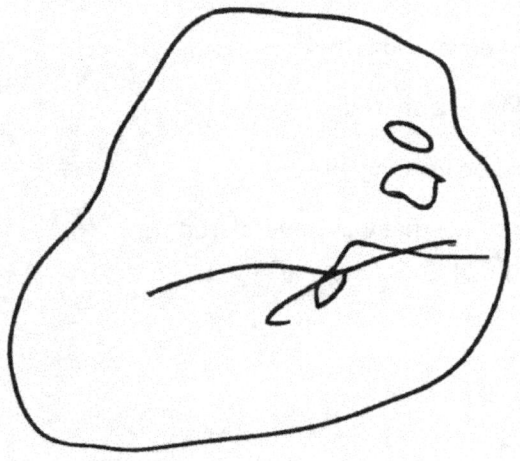

never never did I think

the love we shared

would be nothing more

than a love that was never dared

never never did I think

the love we had

would turn to dust

leaving us feeling so unjust

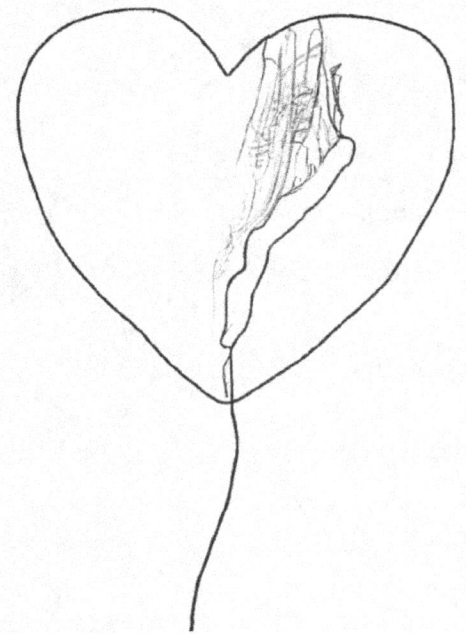

never never did I think

the love we shared

would be nothing more

than a love that was never prepared

never never did I think

the love we had

would turn to rust

leaving us feeling so unjust

never never did I think

the love we shared

would be nothing more

than a love that was never cared.

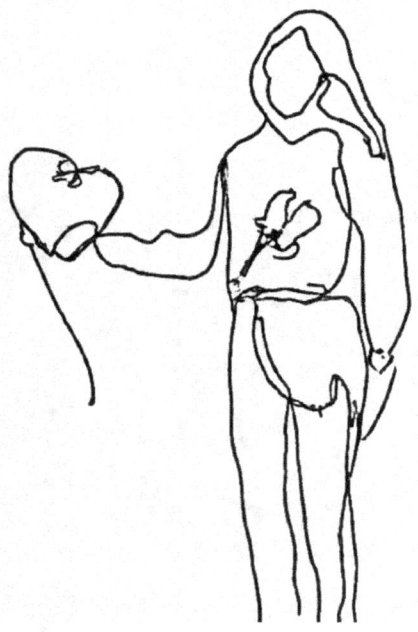

the

hurting

never never did I think

the love we had

would fade away

leaving us feeling so grey

never never did I think

the love we shared

would be nothing more

than a love that was never bared

never never did I think

the love we had

would be a distant past

leaving us feeling so aghast

never never did I think

the love we shared

would be nothing more

than a love that was never dared

never never did I think

the love we had

would become a regret

leaving us feeling so upset

never never did I think

the love we shared

would be nothing more

than a love that we would forget

never never did I think

the love we had

would be a distant dream

leaving us feeling like a scheme

never never did I think

the love we shared

would be nothing more

than a love that was never meant

never never did I think

the love we had

would be a distant memory

leaving us feeling so empty

the

healing

never never did I think

I'd find love again

never never did I think

I'd love and lose and love again

never never did I think

I'd find my way back to you

never never did I know

our love would be brand new

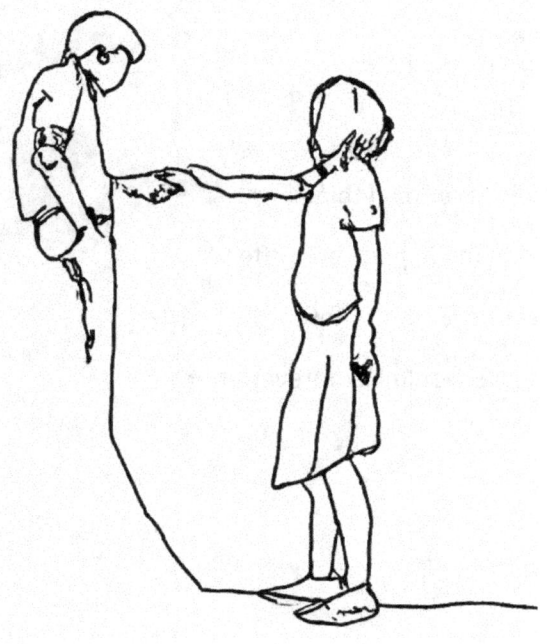

never never did I think

I'd find my happily ever after

never never did I know

our love would last forever after

never never did I think

I'd find my forever home

never never did I know

you'd be my heart and my own

never never did I believe

in second chances

never never did I think

I'd find love in unexpected dances

never never did I think

I'd find my forever

never never did I know

our love would last forever

never never did I think

I'd find my everything

never never did I know

our love would be the beginning

never never did I think

I'd find my reason to live

never never did I know

our love would be the reason I give

never never did I think

I'd find my forever home

never never did I know

our love would be my forever known.

never never did I think

the pain would disappear

never never did I know

the healing process would be severe

never never did I think

I'd find the strength to move on

never never did I know

my heart would beat again and be strong

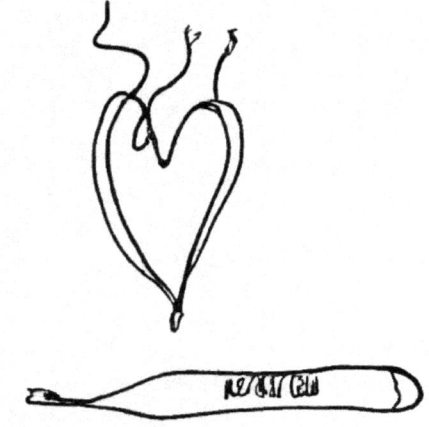

never never did I think

I'd find the courage to trust

never never did I know

the power of healing and love is a must

never never did I think

I'd find the will to forgive

never never did I know

the peace it brings is something to live

never never did I think

I'd find the way to let go

never never did I know

the freedom that comes with letting it flow

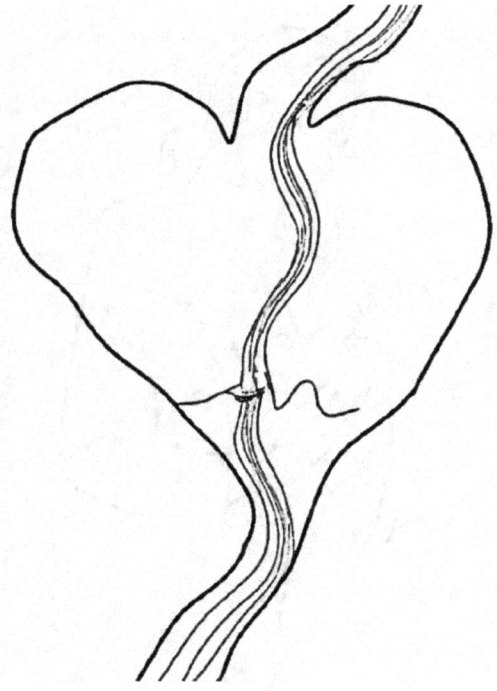

never never did I think

I'd find the light in the dark

never never did I know

the beauty of healing a broken heart

never never did I think

I'd find the hope in despair

never never did I know

the healing journey is a true repair

never never did I think

I'd find the joy in sorrow

never never did I know

the healing process brings a new tomorrow

never never did I think

I'd find the love in the hurt

never never did I know

the healing power of love is the ultimate cure.

never never did I think

I'd find the strength to rise again

never never did I know

the power of healing is an endless gain

never never did I think

I'd find the courage to heal

never never did I know

the road to recovery is not always ideal

never never did I think

I'd find the will to forgive myself

never never did I know

the healing process is to find inner wealth

never never did I think

I'd find the way to let go of the past

never never did I know

the future is bright and will forever last

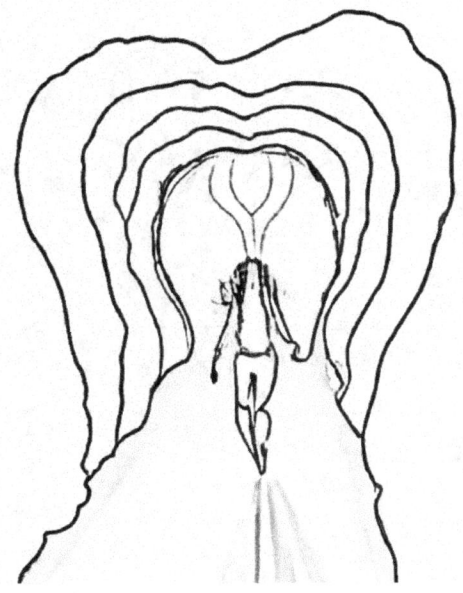

never never did I think

I'd find the light in the darkness

never never did I know

the healing journey is an endless process

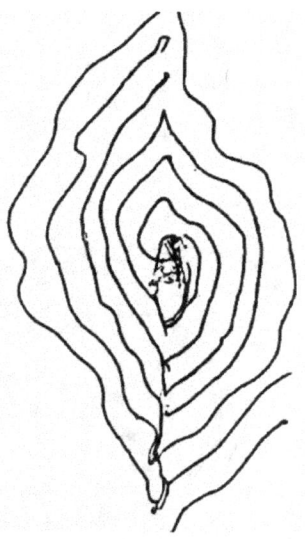

never never did I think

I'd find the hope in the hopelessness

never never did I know

the healing path is to find true consciousness

never never did I think

I'd find the joy in the sorrows

never never did I know

the healing journey brings a new tomorrow

never never did I think

I'd find the love in the pain

never never did I know

the healing power of love is to regain.

never never did I think

the love we had

would fade away

leaving us feeling so grey

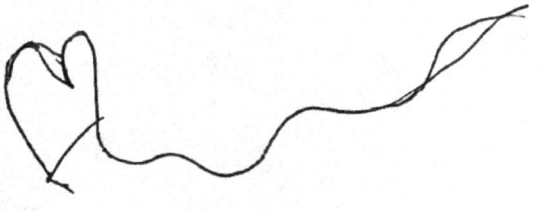

never never did I think

the love we shared

would be nothing more

than a love that was never bared

never never did I think

the love we had

would be a distant past

leaving us feeling so aghast

never never did I think

the love we shared

would be nothing more

than a love that was never dared

never never did I think

the love we had

would become a regret

leaving us feeling so upset

never never did I think

the love we shared

would be nothing more

than a love that we would forget

never never did I think

the love we had

would be a distant dream

leaving us feeling like a scheme

never never did I think

the love we shared

would be nothing more

than a love that was never meant

never never did I think

the love we had

would be a distant memory

leaving us feeling so empty

never never did I think

I'd find love again

never never did I think

I'd love and lose and love again

never never did I think

I'd find my way back to you

never never did I know

our love would be brand new

never never did I think

I'd find my happily ever after

never never did I know

our love would last forever after

never never did I think

I'd find my forever home

never never did I know

you'd be my heart and my own

never never did I believe

in second chances

never never did I think

I'd find love in unexpected dances

never never did I think

I'd find my forever

never never did I know

our love would last forever

never never did I think

I'd find my everything

never never did I know

our love would be the beginning

never never did I think

I'd find my reason to live

never never did I know

our love would be the reason I give

never never did I think

I'd find my forever home

never never did I know

our love would be my forever known.

About the Book

"Never Never" is a collection of poetry that delves into the depths of the human heart and the complexities of love. These poems explore the many facets of love, from the euphoric highs of falling in love to the devastating lows of heartbreak. Each verse is a reflection on the journey of self-discovery and the power of healing. Through raw and honest expression, the reader is taken on a journey of emotions, as the poems capture the feelings of longing, hurt, and hope. This collection is a reminder that love is a never-ending cycle of ups and downs, but through it all, there is always the possibility of healing and growth. With "Never Never," readers will find solace in the words of shared experiences, and be reminded that they are not alone in the journey of love.

About the Authors

A group of anonymous poets from Amsterdam write under the name Tender Tulip. The community is made up of people from all walks of life who come together to celebrate their shared interest in poetry and offer support for one another's creative endeavors. The name "Tender Tulip" was selected to convey the community's intention to provide a warm and welcoming environment for poets of all experience levels and backgrounds. The poets of Amsterdam have made it their mission to spread poetry throughout the city. So that more people can hear the poets' words, they organize poetry readings, workshops, and open mic evenings. In addition, they publish a poetry journal that showcases the work of emerging poets from all over the world. Its members are committed to making poetry accessible to people of all skill levels and backgrounds, and to sharing the transformative potential of poetry as a means of communication, reflection, and restoration.

Recommended Books for the Same Authors

Please, Checkout our other books. Thanks

Regrett-ing You

It Ends with Us

It Starts with Us

Things we Keep from the Light

Overcoming the ovethinker

www.ingramcontent.com/pod-product-compliance
Lightning Source LLC
Chambersburg PA
CBHW071106120626
46546CB00003B/1287